AF247939

LA VIE

DU

BIENHEUREUX S. GUILLAUME LAMY [1]

PATRIARCHE DE JÉRUSALEM,

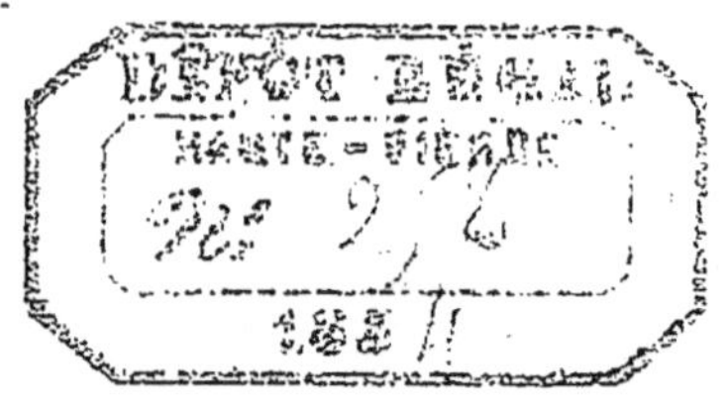

Extraite textuellement de Collin (1672) et de Bonaventure
de Saint-Amable (1684).

On tient que le grand saint Athanase, estant encore
dans les premières années de sa plus tendre jeunesse,
prenoit plaisir à bailler délors des présages de sa future
grandeur et des excellens services qu'il devoit rendre à
l'Eglise de Dieu, dont les intérests luy estoient plus
chers que tout le reste de l'univers. Car, s'attroupant
avec de jeunes enfans de son âge et de sa volée, son plus
ordinaire divertissement estoit de leur faire, à son inno-
cente mode, des sermons, des catéchismes, des exhorta-

----

[1] Autrefois Amici.

tions, de les conduire en procession, de leur donner la
bénédiction, de contre-faire les cérémonies de l'Eglise.

Le vertueux et saint Patriarche futur, que la sagesse
divine fit paroistre avec éclat dans l'Eglise, sous le pon-
tificat de Clément VI et d'Innocent VI, qui tenoit pour
lors le Saint-Siége en Avignon, pratiquoit quelque chose
de semblable dans son âge innocent. Car à peine faisoit-
il paroistre les premiers points de son jugement enfantin,
qu'on le voyoit assembler autour de soy nombre de petits
innocents comme lui, lesquels il invitoit à la prière, leur
faisant de petits sermons ou discours spirituels, que ses
camarades escoutoient et goustoient avec plaisir, et dans
une si rare modestie, qu'il sembloit qu'ils fussent autant
de petits anges incarnez, qui escoutoient les beaux en-
seignemens que leur donnoit ce jeune prélat avec une
charité nonpareille qui le faisoit ressembler très-naïve-
ment à un véritable séraphin. Car la théologie nous
apprend que les anges des plus hautes hiérarchies en-
seignent, de main en main, ceux qui sont des ordres
inférieurs, qu'ils instruisent, illuminent et perfection-
nent, leur faisant part des brillantes clartés que Dieu
communique avec plus grande abondance à ceux qui
approchent de plus près sa Majesté divine.

Ce noble enfant naquit, l'an 1305, dans la ville de
Limoges. Il eut pour père un honorable habitant de
ladite ville, appelé Jean Lamy, et pour mère damoiselle
Anne de Murmans, sortie d'une des nobles et anciennes
familles du Limosin; tous deux également portez à la
piété. Notre Seigneur, bénissant leur mariage, l'ennoblit
de trois enfans, Ezéchias, Elie, et Guillaume, qui, comme
un autre David, emporta la palme sur ses autres frères

plus âgés que luy. Il sembloit avoir succé la dévotion avec le lait, et l'affection et vénération envers la sainte Vierge. A l'âge de sept ou huit ans, ses parens lui donnèrent des maîtres doctes et pieux, pour apprendre la science et la vertu; son bel esprit et son naturel docile lui ouvrirent le chemin à tous les deux. Dans ces premiers essays, il sembloit estre maître, son zèle ne pouvant souffrir ceux qui juroient ou disoient des mensonges sans les corriger. La piété et compassion des pauvres et misérables, qui estoit née avec luy du ventre de sa mère, l'excitoit à retrancher de ses vivres pour les nourrir, et leur confier les présens qu'on luy faisoit en la maison; ce qui touchoit dès lors les cœurs de ceux qui admiroient ses pratiques à la même compassion et aumône. Estant assez avancé en la langue latine, il passa en philosophie, et ayant fait entendre à ses parens qu'il aspiroit au sacerdoce, on luy permit d'étudier en théologie.

Comme son père voulait envoyer son fils Guillaume à Paris, pour acquérir une science consommée dans cette fameuse Université qui a esté durant plusieurs siècles l'oracle des sçavans, la mort empêcha ses desseins; et estant meur pour le ciel, il y alla prendre place.

La mère éplorée retint quelque temps son petit Benjamin au près de soy: toute fois, préférant le bien de son fils à sa propre consolation, elle luy permit d'aller à Paris, où il s'avança beaucoup et dans la science des saints et dans celle des écoles: c'étoient comme deux enfants jumeaux qui croissoient également. Il visitoit les pauvres aux hôpitaux; et après les avoir instruits aux maximes de la foy, il étendoit sa main pour soulager leur misère. Il ouvroit le sein de sa charité pour servir ceux qui avoient besoin de ses avis ou de son secours pour des affaires d'importance, et même se produisoit en chaire pour convertir les pécheurs et faire marcher les justes dans les sentiers de l'éternité.

Il fit tant de progrès dans l'étude de la théologie et du droit canon, qu'on le considéroit dans cette célèbre Université de Paris, non-seulement comme un homme d'une très-haute vertu, mais encore comme un oracle du droit ecclésiastique; car ses opinions y passoient pour des réponses très-solides, qui arrestoient et fixoient les pen sées et les raisonnemens de tous ceux qu'on estimoit les plus intelligens, en ce qui est des maximes sur quoy roule toute l'économie de l'Eglise; et il eut assez de bonheur pour réüssir dans la conduite de plusieurs très-importantes affaires, que le clergé du Limosin confia à sa prudence et à son zèle pendant tout le séjour qu'il fit à Paris.

Ce flambeau ayant éclairé la capitale du royaume, il estoit raisonnable qu'il communiquât ses lumières et ses ardeurs ailleurs. Et comme l'esprit de notre Seigneur le conduisoit, estant sorty de Paris pour s'en retourner, il eut révélation, proche d'Orléans, de s'en aller au païs Chartrain, où le libertinage avoit depuis peu establi sa demeure. Il suit les mouvemens du ciel, va droit à Chartres, et commence à foudroyer le vice et remettre la vertu sur le throne avec tant d'efficace, qu'en peu de temps il changea cette Babylone en une Jérusalem la sainte, gagnant les esprits à Dieu avec les charmes de ses paroles pleines de l'esprit de Dieu, sa vie prêchant encore plus que son éloquence. Les habitans, qui avoient perdu leur pasteur, crurent que celui qui estoit si adroit à donner la pâture du ciel aux âmes, achèveroit de sanctifier cette province, s'il avoit le timon en main, et devenoit l'oinct de notre Seigneur. Ils font instance vers Pape Clément VI, afin qu'il le leur donnât pour évesque. Il ne put refuser une si sainte requeste, et leur accorda son compatriote comme le gage de ses affections ; le peuple et le clergé estans ravis de leur bonheur, luy seul se cache, de peur d'être opprimé du poids de cette charge. Le Pape estant averty de cela, et qui estoit bien informé de sa bonne vie, luy fit commandement de consentir à son élection et d'avoir soin du troupeau de Jésus-Christ, qu'il avoit rachepté de son sang. Il ne put résister à ces oracles du ciel, il faut qu'il subisse le joug qui luy sembloit insupportable : mais Dieu lui présentant sa main secourable, l'impossible lui devint facile et agréable.

Il faisoit beau voir ce pasteur charitable et zélé pour la gloire de Dieu, quand il arrachoit les épines des péchez et des discordes, soit en public, soit en particulier ; quand il visitoit les curez qui dépendoient de sa conduite, et les régloit dans le train d'une vie irréprochable ; qu'il subvenoit aux nécessitez des religieux et les encourageoit à porter courageusement le joug suave de notre Seigneur pour servir d'exemple à tous ; qu'il employoit ses mains à panser les malades, et sa bourse pour chasser leur disette ; qu'il consoloit les affligez, aidoit aux veuves, protégeoit les orphelins, et servoit d'azyle et de secours aux misérables.

Celuy qui estoit tout yeux afin de voir et pourvoir aux besoins de ses sujets, estoit tout mains pour martyriser son corps, et le réduire en servitude pour servir à l'esprit. Ses disciplines estoient rudes et fréquentes ; toute l'année estoit presque un jeûne ordinaire pour luy, et il ceignoit ses reins d'une chaîne de fer, dont les pointes ne luy donnoient pas peu de peine et de travail, au vendredy, pour sentir quelque chose des piqueures du Sauveur, et accompagnoit cette mortification d'un jeûne au pain et à l'eau. Il passoit encore tout le carême dans ces austéritez, ne mangeant rien durant la semaine sainte que des herbes, allant amoureusement, le jour du grand jeudy, laver les pieds aux pauvres, et colant pendant tous ces jours les yeux de l'esprit sur l'arbre de la croix, pour y voir expirer son divin Maître ; et se couchant souvent par terre, étendoit ses bras pour imiter le crucifié, et baisoit ses playes, versant des ruisseaux de larmes, dans la considération de ses peines et de son amour ; et joignant ses disciplines aux coups de sa flagellation, déchiroit ses épaules sans aucune pitié. Et comme il portoit dans son corps la mortification de Jésus-Christ, il conservoit dans son âme et même dans sa chair la pureté de la Vierge. Son vivre estoit grossier même dans ses visites, ne se lassant jamais de consoler ses brebis, et d'établir la paix et concorde dans les familles.

Or, comme il passoit sa vie dans ces saintes pratiques de vertu, ayant atteint l'âge de quarante-huit ans ou environ, le pape Clément VI vint à mourir, et laissa la thyare pontificale à Innocent VI, qui estoit de mesme nation que luy ; et comme il avoit presque toujours vécu à la cour de son prédécesseur, il estoit tout abbrevé de la bonne renommée des grands mérites et de la vertu éminente de nostre Saint : c'est pourquoi il l'appela à soy pour luy donner des tesmoignages de l'estime qu'il en faisoit. En effet, il luy offrit le chapeau de cardinal, lequel il refusa à cause que cette dignité avoit trop d'éclat et trop peu de travail pour notre Seigneur. Il le pressa d'accepter le patriarchat de Jérusalem, dont le siége estoit lors à Nicosie en Cypre ; après y avoir résisté par son humilité, enfin il l'accepta comme un champ de beaucoup de combats et de coronnes, dans l'espérance qu'il avoit de pouvoir y rendre plus de services à Dieu et à sa sainte épouse que dans la pourpre ; d'autant que dans la confusion où la tyrannie de Mahomet avoit réduit cette misérable Eglise, par les ravages que sa cruauté barbare y avoit fait, au grand désavantage de notre sainte religion, les chrestiens les plus zélés se virent obligez de quitter leur païs natal, pour mettre leur salut à l'abrit, et chercher d'autres habitations où ils eûssent plus de moyens de se garantir des outrages et mauvais traitemens des infidèles ; et ce fut pourquoy il y eut quantité de familles honorables de la Syrie qui se réfugièrent dans la ville de Nicosie, l'une des plus belles du royaume de Cypre, où l'on avait transféré le siége patriarchal qui jusques alors avoit esté en Jérusalem.

Ayant donc reçu la bénédiction du Souverain Pontife, après l'avoir prié de prendre soin de son diocèse de Chartres, et de subroger quelqu'autre en sa place, il se mit en chemin et arriva en Nicosie, et commença, à guise d'un soleil, à épancher de toutes parts les rayons de ses vertus et de sa doctrine : il alloit d'un cours infatigable éclairer les devoyez, fortifier les faibles, encourager les pusillanimes, et frayer le chemin de paradis à tous. Il estoit le père des pauvres, le nourricier des orphelins, et la consolation des veuves et des malades. Il procuroit l'ornement des autels, la réparation des églises, l'érection des hôpitaux, et le bien universel de son peuple. Il marioit les pauvres filles ou les plaçoit dans des couvens, assistoit avec assiduité et dévotion aux offices divins et aux affaires de son Eglise, et la moitié de la nuit il faisoit un holocauste de soi-même à notre Seigneur, s'évaporant comme l'encens dans les ardeurs de sa prière. Ne se contentant pas de soulager les pauvres voisins, estendant bien au loin les effets de sa bénéficace, il envoya à son frère Ezéchias grande quantité de billettes d'or, avec permission du roy Jean, régnant en France, pour les réduire en monnoye, afin de marier beaucoup de pauvres filles, notamment de Limoges, lieu de sa naissance,

Après qu'il fut resté sept ans à Nicosie, on faisoit tant d'estat et de récit des belles actions de notre saint Patriarche à Innocent VI, qu'il devint amoureux de sa vertu ; de manière qu'il le voulut voir pour se consoler de la vüe d'un si saint homme, et apprendre de sa bouche l'estat de cette misérable Eglise de Syrie et de Jérusalem, pour lors réfugiée et éparse par tout le royaume de Cypre. Le Saint obéit avec respect à la semonce de son supérieur. Il se rendit à Avignon, et ayant rendu compte au pape des affaires du païs et reçu sa bénédiction, il voulut voir ses parens à Limoges, et puis retourner en son Eglise pour y mourir comme en son lit de fleurs, et multiplier comme une palme le fruit de ses travaux. Mais, arrivé à Montpellier, estant pris d'une fièvre violente, il connut que Dieu n'en vouloit pas davantage de luy, mais qu'il vouloit au contraire abréger son voyage pour le placer dans la céleste Jérusalem. Ayant reçu les sacremens avec grande dévotion, il fit son testament, par lequel il fonda, des biens de son patrimoine, qui stoit grand, la vicairie qui porte encore son nom dans la chapelle de Saint-Thomas de Saint-Estienne de Limoges ; et bientôt sa bénite âme se sépara de ce corps infatigable pour le service de Dieu, et s'envola dans le ciel le neuvième de juin 1360, laissant une odeur dans la chambre qui causoit un grand plaisir aux assistans.

Le clergé de Montpellier luy fut rendre ses derniers devoirs, et faire ses obsèques avec toute la pompe imaginable, et son corps fut porté, avec toute la solemnité que méritoit sa grande réputation, dans l'église des pères Carmes, où il fut enterré ; mais ses parens ne voulurent pas être privés d'un si riche trésor. Ils le furent chercher et le portèrent à Limoges dans l'église cathédrale de Saint-Estienne, où il fut ensevely dans la chapelle de Saint-Thomas, derrière le grand autel, où il repose du sommeil des saints.

Dieu l'a honoré de plusieurs miracles, dont je raconterai quelques-uns que l'écrivain de sa vie rapporte.

Le même jour de sa sépulture, frère Annolet estoit si couvert de lèpre, qu'on le vouloit chasser du couvent, de peur qu'il n'infectât les autres ; ayant trempé les fleurs qui estoient sur son tombeau dans de l'eau bénitte, il en lava son corps ; et après avoir prié sur le tombeau du Saint qu'il demandât à Dieu sa guérison, il se leva, comme autrefois Naaman, avec la blancheur d'un enfant. Le même jour, Villate, femme de la même ville, ayant un tonneau dont le vin sortoit par divers endroits, elle fit vœu au Saint, et le tonneau se ferma miraculeusement. Le même jour, la fille d'un homme nommé Rochette estant agonisante, pria le Saint, et fut guérie. Le sieur Luc, perclus de ses jambes et ne pouvant se remuer, implora le Saint, et reçut la santé le même jour. Une femme mariée depuis long-temps et stérile, impétra un enfant par les prières du Saint ; elle le nomma Dieu-Donné. Le 20 juillet, une dame privée de la vüe avec une sensible douleur, fut guérie par l'invocation du Saint. Frère Guillaume Payen, carme, estant à l'extrémité, se voüa au Saint, et, après un doux sommeil, se trouva entièrement guéry. Je laisse plusieurs autres miracles pour abréger, me contentant de dire qu'en la translation de son corps à Limoges, les muets reçurent la parole, les sourds l'oüie, les aveugles la vüë, et les malades la guérison. Son premier tombeau chez les RR. PP. carmes, de Mont-Pélié, et son église de Chartres, exhalent encore l'odeur de ses vertus et de ses miracles. On célèbre sa feste dans l'église de Chartres le 9 de juin, jour de son décez, et ce par l'ordre exprez du Siége apostolique.

—co—

EXTRAITS

D'ANCIENS AUTEURS RELATIFS AU PATRIARCHE.

M. Allou, ingénieur au corps royal des mines, dans sa description des monuments du Limousin, publiée en 1821, consacre un passage au patriarche Lamy. Voici ce passage :

« On trouve dans les manuscrits de Nadaud la copie d'une inscription de l'église de Saint-Jean-en-Saint-Etienne, sous la date de 1512 ; elle se rapportait à une fondation de messes faite par un membre de la famille des Lamy, qui avait constitué pour cet effet une rente de seize sols. Nadaud nous a aussi conservé l'épitaphe du patriarche Lamy, de la même famille qui existe encore aujourd'hui. Sa statue se voyait autrefois au-dessus du Portail-Imbert, à côté de la maison située à gauche en descendant, et qui appartenait alors à sa famille. »

En effet, un manuscrit faisant partie de la bibliothèque du séminaire de Limoges, nous apprend qu'avant la révolution de 1793, dans la chapelle de Saint-Thomas, en l'église de Saint-Etienne, une inscription en forme d'épitaphe était gravée en latin sur une table d'airain, derrière la statue du Patriarche. Voici cette inscription :

« Guillaumus Amici ex urbe Lemovicensi oriundus,
» Patriarcha Ierosolimitanus et Foro Juliensis quondam
» Episcopus, vir pietate insignis et miraculis clarus,
» apud Montempessulanum ex hâc vitâ excedens emi-
» gravit in cœlum die nonâ mensis junii anno millesimo
» trigentesimo sexagesimo ; cujus corpus sacrum, cum
» primum in templo Sanctæ Mariæ de Carmelo honori-
» ficis exequiis ecclesiasticæ sepulturæ mandatum esset,
» post aliquod tempus, juxta suæ piæ voluntatis ulti-
» mum elogium in Ecclesiam Lemovicensem transla-
» tum, ibidem, in sacello sancti Thomæ nuncupato
» celeberrime conditum est, beatam cum sanctis resur-
» rectionem expectans. »

Cette épitaphe s'était perdue, et M. de Voyon en avait fait une autre à la suite de l'éloge du bienheureux Patriarche.

Nous trouvons dans le même manuscrit qu'une

inscription gravée sur une lame de cuivre était attachée au mur collatéral, en face du tombeau, dans la chapelle de Saint-Thomas. En voici la copie :

« AD PERPETUAM REI MEMORIAM.

« Illustrissime et révérendissime Guillaume Lamy,
« qui fut auditeur de la rote dans la cour de Rome, puis
« évesque de Chartres, administrateur perpétuel de
« Fréjus et patriarche de Jérusalem, mourut à Mont-
« pelié le 9 juin 1560, et son corps fut transporté à
« Limoges, suivant sa dernière volonté, et enseveli dans
« ce monument dans la chapelle de Saint-Thomas, où il
« fonda sa vicairie. »

Ce même manuscrit nous dit : « On voit sur la façade d'une maison, au Portail-Imbert, une statue en pierre représentant un évesque en habits pontificaux, assis sur son trône. Sur l'imposte en pierre de la porte d'entrée est gravé le mot *Veritas*, qui paraît être la devise du Patriarche. »

On y voit aussi que « le vénérable Bardon de Brun avait relevé une partie des miracles du Patriarche, et les avait fait graver, au commencement du XVIIe siècle, sur une lame de cuivre que l'on attacha à la muraille, à la prière d'une vertueuse dame de Limoges, laquelle croyait que son fils, abandonné des meilleurs médecins, avait été remis en santé par l'entremise du bienheureux Patriarche qu'elle avait réclamé pendant son agonie. Sur une banderolle, à côté des miracles, le vénérable Bardon de Brun avait fait graver ces deux inscriptions

" MULTI DICUNTUR AMICI
" MAJIS AMICA VERITAS. "

" AMICUS DIMIDIUM ANIMÆ. "

Une inscription placée dans l'église de Saint-Pierre, dans la chapelle des fonts baptismaux, au-dessus de l'urne où sont déposées les cendres du vénérable Bardon de Brun, nous apprend que le chef du bienheureux Patriarche a échappé à la fureur et au feu des vandales de 93. Voici cette inscription :

« Dans cette urne est renfermé le chef du bienheu-
" reux patriarche Lamy, qui, jeté avec beaucoup d'au-
" tres ossements au milieu d'un feu allumé, dans l'église
" de Saint-Etienne, par les vandales, en 1793, fut plu-
" sieurs fois rejeté par les flammes. Ce que voyant, un
" sonneur le ramassa pieusement, et le remit à une
" sœur de Charité, qui elle-même en fit cadeau à la
" compagnie des pénitents noirs de Saint-Pierre. C'est
" pourquoi nous l'avons religieusement conservé et en-
" fermé dans l'urne des cendres du vénérable Bardon
" de Brun, le 3 mai 1811, jour de l'Invention de la
" Sainte-Croix, dans cette chapelle où nous faisons nos
" offices. "

La famille Lamy possède encore et conserve pieuse-ment, dans une chapelle particulière, des reliques du bienheureux Patriarche.

Elie Lamy, frère du Patriarche, fut chanoine de l'église de la Cité de Limoges, comme le prouve ce passage des Annales du Limousin, par Bonaventure de Saint-Ama-ble (1575) :

« Il n'y avait lors aucun ornement dans l'église avec lequel on pût célébrer honorablement une messe. Il n'y avait que quatre chanoines résidant dans la Cité et y vivant très-pauvrement ; à sçavoir : Mathieu de Feletin, Hélie Lamy, Pierre de Superbosco (1), et Pierre de Lubersac. »

---

(1) Soubrebost.

EXTRAITS DIVERS

DU RECUEIL DES HOMMAGES RENDUS AUX ÉVÊQUES DE LIMOGES, ET AUTRES DOCUMENTS RELATIFS A LA FAMILLE LAMY. — SA GÉNÉALOGIE.

— —

« Le vendredi après la grande fête de saint Martial, 1359, Bernard de Montvallier, de Saint-Junien, reconnaît tenir une partie de ce que ses prédécesseurs tenaient à foy et hommage sous la capte de 40 sols, savoir.....

« Acte signé : PAULUS DE MONS. »

« Le 31 octobre 1396, vénérable Mᵉ Jean Amici, licensié, comme curateur de Ytier de Montvallier, son ayeul maternel, reconnaît tenir de R. P. en Dieu monsieur Bernard, seigneur Évesque de Limoges, à hommage litge et serment de fidélité : la dixme des vins et du bled, etc., etc.

« Acte signé : ROBERTI. »

« Le 5 novembre 1396, Mᵉ Jean Amici, licensié, comme curateur de Ytier de Montvallier, étant à genoux, les mains jointes, sans cape, ceinture, épée, ni manteau, dispensé par grâce de se mettre en tunique, fait à M. Bernard, Sr Évesque de Limoges, hommage litge et serment de fidélité pour tout ce que le dit Ytier de Montvallier tient en fief du seigneur Évesque, en la ville de Saint-Junien et ailleurs, dont il fournira dénombrement dans quinze jours. » Signé : PESTADA. »

« Le 24 novembre 1464, Jean Lamy, damoiseau, comme héritier de Ytier de Montvallier, son ayeul maternel, reconnaît tenir du seigneur Évesque, à hommage litge et serment de fidélité, et sous la capte de 50 sols, à mutation de part et d'autre.

« 1º Le tiers de la dixme du lin et chanvre, etc., etc.
» Acte reçu par MONTGONIS. »

« Quatre hommages en parchemin, rendus à Mre de Château-Morand, par Jean Lamy, escuyer et lieutenant particulier, de deux reconnaissances du 18 juillet 1464-1475-1464 et 1447. »

« Le 17 juin 1493, Mes Léonard et Jean Lamy frères, enfans et héritiers de feu noble Jean Lamy, héritier universel de feu Ytier de Montvallier, son ayeul maternel, étant à genoux, les mains jointes, etc., etc.
» Acte signé : DE CHARTONIS. »

« Le 17 avril 1531, honorables et nobles Mes Jean Lamy, avocat au parlement de Bordeaux, et autre Jean Lamy, enfants de feu Me Jean Lamy, escuyer, comme ayant-droit des héritiers de feu noble Léonard Lamy, greffier de la sénéchaussée du Limousin, son frère, héritier universel du dit feu Me Jean Lamy, son père, le dit avocat, à cause de la gravité de sa personne, étant debout, nu-tête, et vestu de grâce spéciale ; et l'autre étant à genoux, les mains jointes, etc., etc., font au Vicaire-Général de Mʳ Antoine de Tende, Évesque de Limoges, hommage litge, etc., etc.　　　　" Signé : DANGRESAS. "

" Le 9 juillet 1533, Mᵉ Jean Lamy, greffier au sénéchal du Limousin, fils de feu Mᵉ Jean Lamy, comme ayant-droit des héritiers de feu Mᵉ Léonard Lamy, écuyer, aussi greffier en la dite sénéchaussée, son frère, héritier universel du dit feu Mᵉ Jean Lamy, son père, et autre Jean Lamy, contrôleur de la ville de Saint-Junien, comme ayant-droit de vénérable Mᵉ Jean Lamy, avocat au parlement de Bordeaux, étant à genoux, les mains jointes, etc., etc., fait à Mʳ Jean de Langeac, Évesque de Limoges, etc., etc.　　　　" Acte non signé. "

" Le 15 juin 1542, a comparu Jean Lamy, contrôleur de Saint-Junien, qui a dit que lui et Mᵉ Jean Lamy, greffier, son frère, tiennent la dite seigneurie de Montvallier, et a fait hommage, tant que lui touche, et a été reçu sans divisions, etc., etc.　　　　" Sans signature. "

" Le 9 mars 1561, nobles Jean Lamy, procureur au présidial de Limoges, et Jean Lamy, son frère, contrôleur de la ville de Saint-Junien, seigneurs du fief noble de Montvallier, étant à genoux, etc., etc., font à Mʳ de L'Aubespine, seigneur Évesque de Limoges, hommage, etc., etc., à raison du fief noble de Montvallier.

" Signé : PELACP. "

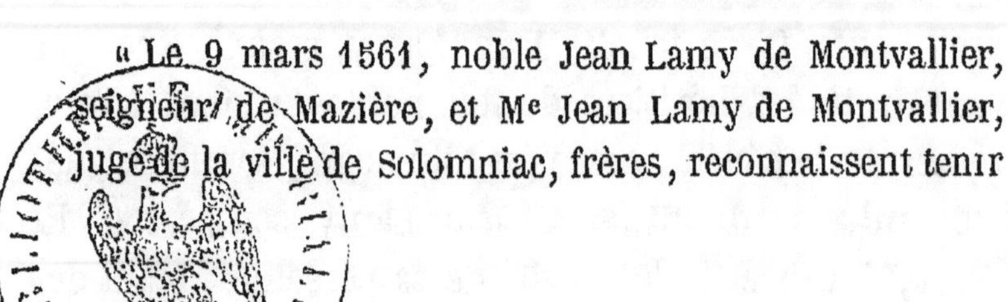

" Le 9 mars 1561, noble Jean Lamy de Montvallier, seigneur de Mazière, et Mᵉ Jean Lamy de Montvallier, juge de la ville de Solomniac, frères, reconnaissent tenir du sieur Évesque de Limoges, sous hommage litge, etc., etc.

" 1º La dixme des petits-bleds, etc.

" Signé : BUELY. "

La famille possède encore trois lettres de sauvegarde ou de congé données en faveur de divers Lamy. Deux de ces parchemins ont été déchiffrés par l'honorable M. Maurice Ardant, archiviste du département et membre de la Société archéologique de Limoges ; nous devons parler ici du premier ; les autres prendront la place assignée à leur date.

" De par Monseigneur duc d'Anjou et du Bourbonnay, fils et frère de roy, et son lieutenant général, le représentant en personne par tout son royaume et pays d'obéissance,

" A tous gouverneurs des provinces, lieutenants généraux, maréchaux de camp, capitaines, chefs et conducteurs de gens de guerre, tant de cheval que de pied, de quelque nation qu'ils soient, maréchaux des logis, fourriers d'yceux, commissaires commis et à commettre pour faire establir les logis des dits gens de guerre, estant et qui seront cy après à la soulde et service du roy notre très-honoré seigneur et frère, commissaires généraux des vivres du camp et armes que nous conduisons comme général, qu'il appartiendra, souscrivons, sçavoir faisons que nous inclinant à la supplication et requeste qui faicte à nous a été, par le Sr de Massey, chevalier de l'ordre du roy notre seigneur et frère, et capitaine de cinquante hommes d'armes, de ses ordonnances et commandant pour le service de Sa Majesté,

en la ville de Limoges et pays du Limosin en l'absence
du S^r des Cars, en faveur de nos chers et bien aimés
Jean et Gabriel Lamy, escuyers, seigneurs de Malicroix
et autres places, le dit Gabriel homme d'armes de la
compagnie du Sr de Merinville ; Nous défendons très
expressément, en vertu de notre pouvoir, qu'en leur
maison et seigneurie du dict Malicroix, et autres seigneuries, maisons leur appartenant et dépendant, quelque part qu'elles soient situées et assises, soit dans la ville
de Saint-Junien qu'autres lieux circonvoisins, les Srs Lamy
n'aient à loger ni souffrir loger aucuns des dicts gens de
guerre, ny y serrer ny prendre enlever ny fourrager
aucuns bleds, vins, foin, pailles, avoynes, lards, bestial,
meubles, ustensiles, ni autres choses quelconques, ny
pareillement par nos commissaires et autres susdicts de
faire prendre sur les dicts Lamy aucune fourniture de
pain et autre commodité pour la nourriture des autres
armées, sauf à les payer, et pour l'advenir surtout qu'ils
craignent desobéir au roy notre seigneur et frère, d'en-
courir son indignation et la nostre, de tout ce nous
avons enjoint, pris et mis, prenons et mettons les dicts
Lamy, leurs familles, et généralement tout ce qui leur
appartient, sous la protection et sauvegarde de nostre
seigneur et frère. Nous leur permettons faire faire un
panonceau et armoirie en tel endroit de leurs seigneuries
et maisons et autres lieux que bon leur semblera, et en
signe et mémoire de cette nostre protection et sauvegarde, à ce que aucun ne prétende cause d'ignorance et
ne soit sy osé et hardy de les enfreindre sous peine de
très-rigoureuse punition, correction et chastiment exem-
plaire à tous à ladvenir.

Donné au camp du Petit-Limoges, le onzième jour de juin mil cinq cent soixante neuf.

Signé : Henry.

Et plus bas :

Par mon dict seigneur duc, fils et frère de roy,

CARRES.

Bien que les Lamy portassent le titre d'Écuyer, et fussent reconnus nobles depuis l'an 1535, époque à laquelle Jean Lamy fut maire de la Rochelle, comme nous le verrons dans la généalogie, le roi Charles IX, par lettres patentes que possède la famille, ennoblit Jean et Gabriel Lamy, pour leurs services et leur bravouré dans les guerres de religion. Voici la copie de ces lettres patentes, déchiffrées par M. l'abbé Cirot de Laville, membre distingué de la Société archéologique de Bordeaux :

« CHARLES par la grâce de Dieu roi de France à tous présents et à venir salut.

» Comme de trés haute et trés louable mémoire nos prédécesseurs roys voulant honorer vertu et grandement eslever les hommes vertueux spécialement quand ils se sont employés pour le service d'eux et de leur couronne ensemble de la chose publique ayant voulu décorer ceux qu'ils ont connu être bien vivants qui par effet ont suivi et aimé vertu et honneur et les élever en qualité digne et correspondant à leurs vertus et mérites et en faisant jouir ensemble leur postérité des priviléges et prérogatives attribués à noblesse afin de leur donner meilleure occasion de persévérer et continuer à servir d'exemple aux autres pour les imiter et en suivre lespérance de parvenir à telles dignités honneurs et prérogatives en suivant

le qu'el exemple et pour imitation d'icelui étant dûement
avisés et certiorés de bonnes mœurs vertus et prohités de
vie louable qualités et mérites qui sont en personnes de
nos chers et bien aimés *Jean et Gabriel Lamy seigneurs de
Mézières et de Montvalier* les qu'els se sont bien et ver-
tueusement employés pour le service de nous et de nos
prédécesseurs *roys* quant au fait des guerres mémorables
par Gabriel en la compagnie du Sr de Merinville dans la
qu'elle il était homme d'armes durant tous les troubles
derniers connu de ce il nous a fait apparoir soutenant
vaillament notre parti et de la dévotion et affection sin-
guliére qu'ils ont eu tout ce qui leur sera commandé où
qu'ils se pourront être bons et propres à notre service
sans y épargner leurs personnes et leurs biens désirant
les reconnaître ensemble les autres bonnes vertus et
qualités qui sont en eux-mêmes qu'ils ont toujours et
devant honnorablement rester en trés bonne réputation
Pour ces causes et autres bonnes considérations à ce
nous mouvant désirant extoller et élever les dits *Lamy
frères leurs enfants femmes postérité et lignée mâle et
femelle nés et à naître descendus d'eux où de l'un d'eux
en loyal mariage* dûment informés des biens qu'ils ont
pour maintenir et entretenir l'état de noblesse avons de
notre grâce spéciale pleine puissance et autorité royale
ennobli et ennoblissons et du titre d'honneur et de noblesse décoré et décorons voulons et nous plait que en
tous leurs faits actes et négoçes ils soient dorénavant con-
nus censés et réputés pour nobles en toutes plaçes tant
en jugement que de (guerre) et aussi qu'ils jouissent et
usent de tous priviléges franchises exemptions prérogatives préeminençes et honneurs dont jouissent et usent

et ont accoutumé jouir et user les autres nobles de notre
royaume et que les dicts *Lamy* ensemble leur postérité
et lignée puissent (acquérir) toutes sortes de fiefs et ter-
rains nobles de quelque qualité qu'ils soient et ceux qu'ils
ont déjà acquis et qui leur pourront écheoir et advenir
soit par droit successif acquets et mariages donations
faites (entre) vifs ou autrement tenir posséder et en jouir
et user pleinement et paisiblement tant même que si
d'ancienneté ils étaient nés et extraits de noble lignée
sans qu'ils soient contraints de les vendre aliéner ni
mettre hors de leurs moyens en quelque maniére que ce
soit ni que pour eux ils soient tenus payer à nous ni nos
succéssseurs roys aucune finance où indemnité de la
qu'elle à quelque somme valeur et estimation qu'elle soit
où se puisse monter Nous en considération de leurs dicts
services avons à féaux Lamy leur dicte lignée et postérité
de notre grace science puissance et autorité royale faict et
faisons don par ces présentes signées de notre main *par
lesqu'elles donnons en mandcmcnt* à nos amis et féaux les
gens de nos comptes à Paris et gens tenant notre cour des
aydes et finance au dit lieu gouverneur sénéchal du Limosin et à tous nos autres justiciers officiers et chacun
d'eux si comme à lui appartiendra que de nos présentes
grâces d'ennoblissement don de finance et de tout le contenu en ces présentes lettres ils fassent souffrent et lais-
sent les dicts Lamy et leurs enfants postérité et lignée
nés et à naitre jouir et user pleinement et paisiblement
et perpétuellement céssant et faisant césser tous troubles
et empêchements où contests les qu'els sont faicts où or-
donnés en cour..... incontinent et sans délai à pleine et
entière delivrance..... faire et souffrir contraignant et fai-

sant contraindre tous ceux qu'il appartiendra et qui pour
ce feront contraindre par toutes voies et maniéres dûes
et raisonnables par rapport à ces presentes ou derivant
d'ycelles Fait sous scel royal pour une fois au qu'el voulons foi être ajoutée comme au present original reconnais-
sance des Srs Lamy sur ce suffisante de la jouissance du
contenu cydessus nous voulons celuy ou ceux de nos rece-
veurs et comptables à qui ce pourra toucher..... acquitter
et décharger partout où il appartiendra sans difficulté
car tel est notre plaisir n'onobstant que la somme à la
qu'elle ce pourrait monter la dite finance ne soit cy autrement (spécifiée et déclarée) que n'ayons accoutumé
faire tels et sembler donner que pour la moitié les ordonnances tant anciennes que modernes faites sur les
ordres et distribution de nos finances et apports du trésor..... *(mot illisible)* du Louvre à Paris et quelconques
autres ordonnances restrictions mandements et déffences
a ce contraires aux qu'elles ensemble à la dérogation
de la dérogation y contenue nous avons pour cette fois
dérogé et dérogeons par ces présentes lettres et afin que
ce soit chose ferme stable et à toujours nous y avons fait
mettre notre scel sauf en cause d'user notre droit en
l'oter ni en toucher.

» Donné à Paris au mois de septembre l'an de grâce
mil cinq cent soixante dix et de notre règne le dixiéme. »

(Signé) CHARLES.

Par le roy (signature illisible).

NOTA. Les mots entre parenthèse ont été mis d'inspira-
tion par M. l'abbé Cirot de Laville; s'ils ne sont pas
identiquement les mêmes que dans le parchemin, ils
sont synonymes. — Il n'y a pas de ponctuation.

Congé donné par le Sr de Mortemart à Gabriel Lamy, Sr de Montvallier.

« René de Rochechouart, seigneur de Mortemart, che-valier de l'ordre du roi, conseiller en son privé conseil, capitaine de cinquante hommes d'armes, de son ordon-nance, certifions à tous. gouverneurs, lieutenants géné-raux, capitaines, conducteurs et chefs de gens de guerre, tant de cheval que de pied, gardes des portes, ports, ponts et passages et autres qu'il appartiendra, que Gabriel Lamy de Montvallier, Sr de Mézières, est archer de notre compagnie, lequel s'en va à sa maison pour ses affaires, et vous prions le laisser librement passer avec ses chevaux et armes, sans lui donner aucun trouble ni empêchement, ains (1) lui prêter confort et aide si metier est, promettant d'en faire le semblable en votre endroit.

» Fait à notre camp devant la Rochelle, ce 13 mai 1573 de l'Incarnation de J.-C.   » Signé : MORTEMART. »

« Du 1er novembre 1575, jugement sénéchal, signé *Duboys, lieutenant-général,* et *Bueilly, greffier,* par lequel Gabriel Lamy, escuyer, seigneur de Mazière est exempt de la nomination faite en sa personne du consul de Saint-Junien, avec l'intimation.

» Signé : PÉRIGORD, sergent royal. »

Copie de la sauvegarde accordée par Sa Majesté à un Lamy, le 20 mars 1642.

» A tous nos lieutenants généraux en nos armées de nos provinces, maréchaux de France et de nos armées, colonels, maistres de camp chefs et conducteurs de nos gens de guerre, tant de cheval que de pied, de quelque

---

(1) Mais.

langue, nation qu'ils soient, maréchaux des logis de nos camps et armes, fourriers d'iceux, commis et à commettre, à faire le département et logement de nos gens de guerre, et à tous autres nos officiers et.... qu'il appartiendra salut. Voulant gratifier et favorablement traiter notre cher et bien aimé le Sr Lamy, notre conseiller et lieutenant criminel en l'élection de Limoges, pour les considérations de ses services, nous défendons très expressément de loger aucuns de nos gens de guerre dans les maisons et métairies situées dans ses appartenances, ni prendre fourrage, ni enlever aucune chose généralement quelle conque, ayant par la présente, signée de notre main, pris et mis, prenons et mettons en notre protection et sauvegarde spéciale, pour témoignage de quoi nous avons permis et permettons de faire mettre ces choses aux lieux et endroits les plus éminents de ses maisons, nos armes, panonceaux et baton royaux, à ce que nul n'en prétende cause d'ignorance ; et si aucuns étaient si osés que d'y contrevenir, nous mandons et enjoignons tres expressément aux prévots de nos cousins, les maréchaux de France et de nos bandes armées, ou au premier juge royal, sur ce requis, de se saisir des contrevenants et de faire telle et si sévère punition, que l'exemple leur serve à maintenir les autres dans leur devoir, à peine d'en répondre en leur propre et privé nom ; car tel est notre plaisir.

« Donné à Narbonne, le 20ᵉ jour de mars, l'an de grâce 1642, et de notre règne le trente-deuxième.

« Signé : LOUIS. »

Et plus bas. Par le roi : BOUTHILLIERS.

Et à côté, scellé aux armes, trois fleurs de lys.

« Le 8 mai 1651, Sʳ François Lamy, seigneur de Montvallier, Vigier de la ville de Saint-Junien, à genoux,
fait à Mʳ François de La Fayette, Sʳ Évesque de·Limo-
ges, le dénombrement, etc., etc.

» Signé : CHAZAUD. »

« Le 16 février 1665, Mʳ F. de La Fayette, Sʳ Évesque
de Limoges, cède pour 100 livres, à Mᵉ Jean de Malle-
dent, conseiller au présidial de Limoges, le droit de
prestation à 5 s. 4 d. pour livre à raison des ventes faites
par Jean Lamy, écuyer, de sa portion de la maison de
François Lamy, son père; et par Marie Lamy, de sa part
et portion du fief de Montvallier ; les dites choses vendues
relevant presque toutes de la foy et hommage du dit
Sʳ Évesque.   » Signé : CHAZAUD, notaire royal. »

« Le 29 mars 1738, Jean Lamy, écuyer, seigneur de La
Chapelle, demeurant à Limoges, près l'église et paroisse de
Saint-Michel-des-Lions, s'étant mis à genoux, les mains
jointes sur le livre, tête-nue, sans épée, ceinture, ni
éperons, fait au procureur de Mʳ Benjamin de L'Ile-du-
Gast, seigneur Évesque de Limoges, sa foi litge et hommage, qu'il lui doit à cause du fief noble et seigneurie,
sans aucune justice, de La Chapelle, à lui appartenant en
propriété du chef du sieur de La Chassaigne, son oncle
maternel ; le susdit fief situé au lieu de La Chapelle, paroisse du même nom, relevant de l'évêché de Limoges, à
cause de la châtelainie du pont de Noblat, à la charge
par le dit sieur Lamy de fournir, dans les 40 jours, l'a-
veu et dénombrement du susdit fief de La Chapelle, et
de payer tous droits et devoirs seigneuriaux qui se trou-
veront dus, à peine de saisie.   » Acte reçu par BARDY. »

On lit dans le manuscrit du séminaire de Limoges dont il a été déjà question :

« Hélie Lamy était chanoine dans la cathédrale de Saint-Estienne en 1591 , 51 ans après la mort du Patriarche.

» Après lui, furent Mes François et Jean Lamy, eslus par le roy au haut pays du Limousin. François vivait l'an 1524, et laissa Jean, son fils, aussi eslu. Sa maison estait celle qui estait au Portail-Imbert, où est la statue du Patriarche.

» Jean laissa Étienne Lamy, prévôt de Limoges, auquel appartenait la maison du roi de Navarre, qui est à présent celle des Thrésoriers ; Peyronne Lamy, et Marie Lamy, femme de Me Paul de Gay, conseiller du roi ; elle fut mère de Martial de Gay, qui fut président, et puis lieutenant-général.

» Le dit Estienne laissa Martial Lamy, qui était en 1582 prévost, juge criminel, et lieutenant de la cour ordinaire de Limoges, lequel laissa Samuel Lamy, seigneur de Beritine, commissaire-certificateur des criées et subastations, lequel laissa François, Martial et Henri Lamy ; lesquels François et Martial firent donner une sentence du deux décembre 1621, signée *Borde, lieutenant particulier, Moulinard, commis greffier, Collet, Tardieu,* par laquelle il est dit que les autres Lamy n'ont aucun droit à la nomination, n'étant pas de la race et lignée du Patriarche ; chose notoire à tous les habitans, comme il appert par les nominations de 200 ans en ça.

» Il y eut un autre Lamy, garde meuble du roy Henry IV ; nous avons les lettres de Sa Majesté, signées Henry. »

Sans contester la bonne foi de l'auteur de ce manuscrit, il est difficile de ne pas soupçonner l'exactitude des dates qui, de 1524 à 1621, c'est-à-dire dans l'intervalle d'un siècle, placent cinq générations.

Du reste, voici la généalogie de la famille recueillie au xvi⁰ siècle, et continuée jusqu'à ce jour :

Guilhaume Amici (Lamy), patriarche de Jérusalem, et son frère Ezéchias.

D'Ezéchias Lamy fut, en nature, Jean Lamy, maire à la Rochelle, puis là gentilhomme.

Dudit Jean Lamy, maire à la Rochelle, furent, en nature, procréés : Haurasse, Charles, Victurnien, Alpinien, Aubois et Raymond Lamy, frères.

Les dits six frères eurent un procès avec Charles de Curbon en l'an 1428. Ils décédèrent sans hoirs (1), réservé Haurasse.

Du dit Haurasse descendit Jean Lamy de Montvallier, premier écuyer. (Hommage du 18 juillet 1475.)

Du dit Jean Lamy, premier écuyer, est descendu autre Jean Lamy, second écuyer. (Hommage du 17 avril 1551.)

Du dit Jean Lamy, second écuyer, est descendu M⁰ Jean Lamy, notaire royal. (Testament latin laissé par Jean Lamy.)

De M⁰ Jean Lamy, notaire royal, descendirent six frères, savoir : M⁰ Léonard Lamy, greffier de Limoges; autre Jean Lamy, juge de Soulomniac; autre Jean Lamy, contrôleur de Saint-Junien; Joseph Lamy, lieutenant particulier; François Lamy, avocat du roi; et autre M⁰ Léonard Lamy. (Hommage du 9 mars 1561.)

---

(1) Héritiers.

Un des deux Jean décéda sans hoirs.

Le dit Me Jean, notaire royal, fit son héritier Me Léonard Lamy, et légataires Jean et autre Jean, François, Joseph, et autre Me Léonard Lamy le jeune.

Le dit Me Léonard Lamy le jeune délaissa, à lui survivant, Moreil Lamy, qui est décédé sans hoirs. (Suivant un testament.)

Le dit Me Léonard l'aîné, héritier universel, délaissa, à lui survivant, Jean Lamy, référendaire et conseiller en la cour, lequel vendit sa part du fief de Montvallier, et laissa une fille à lui survivant.

Et du dit Me Jean Lamy, juge de Soulomniac, sont descendus Me François Lamy, aussi juge de Soulomniac, et Jean Lamy, juge de Nieul.

Du dit Me François est descendu Me Melchior, qui est aussi décédé sans hoirs. (Testament du 15 août 1615.)

Et du dit Me Jean Lamy, juge de Nieul, est descendu autre Me Jean Lamy, Sr de Boisrosier.

Et du dit Jean Lamy, contrôleur, sont descendus : Jean Lamy, Sr d'Agries, et Gabriel Lamy, Sr de Mazières, décédés sans hoirs, toutefois gentilshommes, lesquels firent leur héritier ledit Jean Lamy, juge de Nieul, et Martial Lamy, Sr de Mazières.

Et du dit Me Joseph, lieutenant particulier, est descendu Joseph, aussi lieutenant particulier.

Et du dit Me Joseph est descendu Martial, aussi lieutenant particulier, et autre Martial, Sr de Mazières.

Du dit Martial, lieutenant particulier, est descendu Me Etienne Lamy, lieutenant criminel.

Et du dit Martial Lamy de Mazières est descendu François Lamy, Sr de Mazières.

Et du dit François, avocat du roi, est descendu (1575) Joseph Lamy, avocat.

Et du dit Joseph, avocat (1621), Jacques Lamy de Luret.

Du dit Etienne Lamy, lieutenant criminel en l'élection de Limoges, sont descendus : Joseph et autre Joseph, Jean, Etienne, Jacques, Mathieu et Martial Lamy, frères. Le premier Joseph est mort le jour de sa naissance ; le second Joseph est mort à l'armée ; Jacques, religieux à Grammont ; Mathieu, mort écolier ; Martial, marié avec Marie Lamy à Saint-Junien.

Du quel Martial, marié à Saint-Junien, sont descendus : Jean, Etienne et Gabriel Lamy frères. Le dit Jean décédé, en 1685, écolier ; Etienne, de son vivant juge-vigier de police de la dite ville ; et son frère Gabriel Lamy, Sr de Montvallier.

La famille Lamy devint, dans le XVIe siècle, propriétaire du fief de Luret. Jacques est le premier qui en porta le nom.

De lui descendit (1679) Joseph Lamy de Luret, qui épousa Mlle Marie-Thérèse de La Chassaigne ; son beau-frère, qui ne se maria point, lui donna le fief de La Chapelle, à la condition que son fils en porterait le nom.

De Joseph descendit (1705) Jean-Baptiste Lamy de La Chapelle.

De Jean-Baptiste descendit (1738) Pierre Lamy de La Chapelle, avocat en parlement, puis procureur du roi. Il fit l'acquisition de la propriété de Condadille.

Un de ses frères, Nicolas, fut gendarme de la garde.

De Pierre descendirent Jean-Baptiste (1769), qui fut conseiller à la cour royale de Limoges, à son retour de l'émigration ; Yrieix (1771) ; et Joseph (1782).

De Jean Baptiste Lamy de La Chapelle descendirent :
(1811) Amédée, qui est P. jésuite et procureur général
de la province de Toulouse ; (1812) Théophile, avocat ;
(1820) Henry ; (1822) Ludovic, officier de cavalerie ;
(1824) Alexandre, qui est mort en 1844 ; et (1829) Er-
nest, capitaine au long cours.

De Théophile Lamy de La Chapelle est descendu Henri-
Jean-Baptiste, qui est né le 22 juillet 1846.

En résumant, et partant de Jean, père du Patriarche,
nous trouvons :

Jean, en 1260.
Le patriarche Lamy (Amici) ; Hélie, vicaire ; Ezé-
    chias.
Jean, fils d'Ezéchias, maire de la Rochelle , gen-
    tilhomme.
Haurasse.

Jean, premier écuyer.
Jean, deuxième écuyer.   } Lamy de Montvallier.
Jean, notaire royal.

François, avocat du roi.
Joseph, avocat.
Jacques.   } Lamy de Luret.
Joseph.

Jean-Baptiste.
Pierre, procureur du roi.
Jean-Baptiste, conseiller.   } Lamy de La Chapelle.
Théophile, avocat.
Henri.

L'histoire du Limousin, par M. Barny de Romanet,
parle d'un autre Lamy, qui harangua la reine Marguerite à son entrée à Limoges ; voici le passage qui en fait
mention :

« Le 28 décembre 1557, Marguerite, reine de Navarre, vicomtesse de Limoges, fit son entrée dans cette ville. Les consuls, accompagnés des plus notables bourgeois et des jeunes gens de qualité de la ville, à cheval, vêtus de casaques de velours noir et de pourpoints de satin, furent au-devant de la princesse. On la rencontra près du pont de l'Aurence, et ce fut là que M. Jean Lamy, consul, harangua S. M. Elle entra par la porte Mont-Mallier, où elle fut saluée par l'artillerie des forts et des remparts.

» Le clergé, en procession, vint la recevoir à cette porte, d'où elle s'achemina vers Saint-Martial, puis vers la cathédrale. Pendant tout ce trajet, les consuls portèrent sur la litière de la reine un dais de satin blanc, orné des armes de Navarre. Entre autres présents que les consuls firent à S. M., on remarqua celui d'une barrique de vin muscat, chose très-rare en Limousin dans ce temps-là. Trois jours après, le roi de Navarre arriva à Limoges, où on lui fit une réception digne de son rang. »

Il est aussi question d'un François Lamy, dont le nom et la date de naissance (1540) se trouvent écrits en plusieurs endroits sur les marges d'une bible manuscrite sur vélin que possède la famille. Cette bible, qui est de la fin du XIIe siècle, est remarquable par la netteté de l'écriture, la variété et la richesse des vignettes, qui dénotent chez l'auteur anonyme un goût exquis qui ne s'est pas démenti pendant les longues années qu'il a dû consacrer à l'achèvement de ce petit chef-d'œuvre.

LIMOGES. — IMPRIMERIE DE BARBOU FRÈRES.